BEI GRIN MACHT SICH IHR
WISSEN BEZAHLT

- Wir veröffentlichen Ihre Hausarbeit,
  Bachelor- und Masterarbeit

- Ihr eigenes eBook und Buch -
  weltweit in allen wichtigen Shops

- Verdienen Sie an jedem Verkauf

Jetzt bei www.GRIN.com hochladen
und kostenlos publizieren

GRIN ☺

Chancen und Risiken der künstlichen Intelligenz. SWOT-Analyse und Anwendungsgebiete der Technologie

Simon Anthofer

Bibliografische Information der Deutschen Nationalbibliothek:

Die Deutsche Nationalbibliothek verzeichnet diese Publikation in der Deutschen Nationalbibliografie; detaillierte bibliografische Daten sind im Internet über http://dnb.d-nb.de abrufbar.

ISBN: 9783346465443
Dieses Buch ist auch als E-Book erhältlich.

Druck und Bindung: Books on Demand GmbH, Norderstedt Germany
Gedruckt auf säurefreiem Papier aus verantwortungsvollen Quellen

Das vorliegende Werk wurde sorgfältig erarbeitet. Dennoch übernehmen Autoren und Verlag für die Richtigkeit von Angaben, Hinweisen, Links und Ratschlägen sowie eventuelle Druckfehler keine Haftung.

Das Buch bei GRIN: https://www.grin.com/document/1044779

Städtische Nelson Mandela Berufsoberschule Wirtschaft, München

Ausbildungsrichtung Wirtschaft und Verwaltung/Internationale Wirtschaft

Seminararbeit

KÜNSTLICHE INTELLIGENZ

SWOT-ANALYSE UND ANWENDUNGSGEBIETE DER TECHNOLOGIE

Verfasser: Simon Anthofer

Inhaltsverzeichnis

1 Einleitung

Der Begriff künstliche Intelligenz wird heutzutage oftmals für Marketingzwecke instrumentalisiert. Aber warum ist das so und weshalb findet der Begriff bei uns oftmals Anklang? Mit dem Thema künstliche Intelligenz beschäftigen wir uns sowohl in der Gegenwart, als auch mit ziemlicher Wahrscheinlichkeit noch in der Zukunft. Daher habe ich mich mit diesem Bereich intensiv auseinandergesetzt, um möglichst viele Chancen und Risiken, die mit der Technologie einhergehen, zu erläutern. Ferner soll diese Arbeit für den Leser als Anreiz dienen, sich mehr mit der Angelegenheit auseinanderzusetzen, da sie in Zukunft von größter Bedeutung sein wird. Um Laien das Thema etwas näherzubringen, werde ich am Anfang auf die Definition, die verschiedenen Arten mit deren grundlegenden Funktionsweise und die unterschiedlichen Teilgebiete von künstlicher Intelligenz näher eingehen. Um die Technologie von allen Seiten zu beleuchten, habe ich mich für eine SWOT-Analyse entschieden. Somit wird sowohl auf die Chancen/Stärken als auch auf die Risiken/Schwächen eingegangen. Da diese Seminararbeit in einem gewissen Rahmen bleiben soll, können nicht alle Vor-/ und Nachteile zum Thema KI erwähnt werden. Nichtsdestotrotz habe ich mich, um ein möglichst großes Spektrum von Ansichten unterzubringen, für eine Reihe von Quellen entschieden, deren Autoren sich mit der Angelegenheit künstliche Intelligenz intensiv befassten. Im weiteren Verlauf werde ich eine - meiner Meinung nach realistische - Zukunftsprognose abgeben. Diese enthält unter anderem Schätzungen, was die durch KI beeinflussten Arbeitsmarktdaten in der Zukunft angeht. In diesem Zuge werde ich auf einige der wegfallenden beziehungsweise dazukommenden Arbeitsstellen und deren Branche genauer eingehen. Das daraus resultierende Verhältnis zur Arbeitslosenquote bleibt ebenfalls nicht unerwähnt.

Im letzten Teil dieser Arbeit, dem Fazit, werde ich meine eigene subjektive Meinung zum Thema KI mit der davon ausgehenden Beeinflussung unseres Alltagslebens in der Gegenwart und Zukunft kundtun. Auch wie man die Weiterentwicklung von KI in Zukunft handhaben sollte, um daraus einen allgemeinen Nutzen zu schlagen, werde ich im Fazit erläutern.

2 Abgrenzung von Intelligenz und künstlicher Intelligenz

2.1 Definition von „Intelligenz"

Was versteht man unter dem Begriff Intelligenz überhaupt? Seit vielen Jahren beschäftigen sich zahlreiche Wissenschaftler mit dieser Frage und versuchen sich auf eine Definition zu einigen. Jedoch ist das gar nicht so einfach. Aus verschiedenen Bereichen der Wissenschaft kommen verschiedenste Meinungen und Ansichten. So ist die Divergenz eines gemeinsamen Nenners aus Sicht von Psychologen, Neurowissenschaftler, Neurobiologen und eine Reihe anderer Wissenschaftler eine recht große. Der bekannte Wissenschaftler und Professor Stuart Russell teilt Intelligenz in vier verschiedene Kategorien auf: das menschliche Denken, das menschliche Handeln, das rationale Denken und das rationale Handeln (vgl. Russell/Norvig/Davis, 2010, 1-5). Der Turing-Test (siehe 3.3 Turing-Test) beispielsweise gehört zu dem Bereich menschliches Handeln, denn bei diesem Test versucht eine KI das menschliche Handeln zu reproduzieren. Hingegen gelten moderne Programme zur Bilderkennung und die damit verbundenen Entscheidungen (z. B. Einordnung von Merkmalen eines Bildes) zu der Kategorie rationales Handeln. (vgl. Wittpahl 2019, 21).

In einer anderen, heutzutage gängigen Betrachtungsweise lässt sich Intelligenz medizinisch gesehen in zwei Aspekte unterteilen: Der kristallinen (festen) Intelligenz, welche das gesamte Wissen eines Menschen umfasst und der fluiden (flüssige) Intelligenz, die jene Fähigkeit beschreibt, sich Wissen schnell anzueignen. Somit ist die fluide Intelligenz die Grundlage, sich neues Wissen anzueignen. Ferner lässt sich diese auch ein Leben lang verbessern, indem man regelmäßig anspruchsvolle Denkaufgaben übt und löst.

Nun stellt sich die Frage, ob man Intelligenz als solches messen kann. Bereits in der Antike hat man erkannt, dass Intelligenz in erster Form die Bildung und Erfahrung eines Menschen umfasst und in zweiter Form die Fähigkeit eines Menschen, sich diese anzueignen. Die ersten wissenschaftlichen Ansätze, Intelligenz zu messen, kamen von dem französischen Psychologen Alfred Binet (1857-1911). Dieser führte zusammen mit Théodore Simon 1905 die Binet-Simon-Tests ein, welcher das „geistige Alter" des Anwenders widerspiegeln soll. Der Test galt somit als erster Test des Intelligenzquotienten, kurz IQ-Test (vgl. Lamberti 2006, 26-32).

2.2 Definition von „künstlicher Intelligenz"

„AI is the new electricity", so der chinesisch-US-amerikanische Informatiker Andrew Ng. Übersetzt heißt das so viel wie: „Künstliche Intelligenz ist die neue Elektrizität". Mit dieser Aussage sorgte der geborene Brite 2017 auf der O'Reilly Artificial Intelligence Conference in San Francisco für Schlagzeilen. Damit prognostiziert er, dass keine Technologie in den nächsten Jahren zu so vielen exponentiellen Fortschritten führen kann, wie es die künstliche Intelligenz könnte (vgl. Stanford Business 2017).

Was ist künstliche Intelligenz und wie funktioniert sie? Die KI ist ein Teilgebiet innerhalb der Computerwissenschaften. Hierbei versucht man die kognitiven Funktionen eines Menschen in Computern abzubilden. Der Computer soll mit diesen Funktionen eigenständig komplexe Probleme bearbeiten. Jedoch soll die Maschine nicht nur die menschlichen Funktionen abbilden, sondern auch intelligente Einheiten erstellen (vgl. Russell/Norvig 2003, 1). Zusammengefasst kann man sagen, dass ein System dann intelligent heißt, wenn es effizient und selbstständig Aufgaben lösen kann. Der Grad der Intelligenz hängt vom Grad der Komplexität einer Aufgabe, dem Grad der Selbstständigkeit und dem Grad der Effizienz des Aufgabenlösungsverfahrens ab. In vielen Bereichen unseres Alltags hat die KI die menschliche Intelligenz weit überholt. Zum Beispiel die Schnelligkeit bei Datenverarbeitung oder Speicherkapazitäten. Hierfür ist menschliches Bewusstsein nicht einmal notwendig. Oftmals arbeiten KI-Forscher wie Ingenieure, um solche Problemlösungen unabhängig von der Vorlage aus der Natur zu finden. Beispielsweise war das Fliegen auch erst dann erfolgreich, als die Gesetze der Aerodynamik verstanden wurden und Düsenflugzeugen als Alternative entwickelt werden konnten. Diese Art des Fliegens findet man nicht in der Natur (vgl. Mainzer 2019, 1-5).

Da sich Forscher wie so oft uneins über die genaue Definition von künstlicher Intelligenz sind, lässt sich jedoch folgendes über das Fachgebiet der Computerwissenschaften eindeutig sagen: Wenn ein Computer gewisse menschliche Aktivitäten wie zum Beispiel das Planen einer kombinierten Bahn-Autoreieise, das Verstehen einer natürlicher gesprochenen Sprache, das Beweisen eines mathematischen Satzes oder das Sehen und Erkennen bestimmter Objekte nachbildet, dann spricht man von künstlicher Intelligenz – unabhängig von der Definition des Begriffs (vgl. Bibel/Eisinger 1987, 1-2).

3 Geschichte und Entwicklungslinien von künstlicher Intelligenz

3.1 Geschichte und Entwicklungslinien der KI

Als Geburtsjahr der künstlichen Intelligenz gilt im weiteren Sinne das Jahr 1950 mit dem Turing-Test (Siehe 3.2 Turing-Test). Der Begriff „Artificial Intelligence", auf Deutsch „Künstliche Intelligenz" tauchte zum ersten Mal 1956 in New Hampshire USA auf. Eine Gruppe amerikanischer Wissenschaftler, darunter der Professor des Dartmouth College John McCarthy, prägen den Begriff „AI" und erforschten in einem von der Rockefeller-Stiftung geförderten Sommerprojekt, wie Computer Denkaufgaben eigenständig lösen und Sprachen verstehen können. Die Wissenschaftler kamen zwar vorerst nicht weit, gründeten aber das neue Forschungsgebiet „künstliche Intelligenz".

Aufgrund der in den 1960er/1970er begrenzten Rechnerkapazität konzentrierte sich die Wissenschaft zunächst auf enger definierte Anwendungsfälle. Diese bezeichnet man als schwache KI (auf Englisch: „narrow AI"). Es entstanden die ersten Schachcomputer und Chatbots. Letztere waren mithilfe von verschiedenen Wortdatenbanken in der Lage, einfache Gespräche mit Menschen zu führen.

Nebst der schwachen KI gibt es noch die „starke" oder auch „generelle KI" (auf Englisch: „strong/general AI"). Diese soll Aufgaben oder Probleme ebenso gut wie der Mensch lösen und in der Lage sein, sich flexibel an neue Gegebenheiten anzupassen. Allerdings ist bis heute nicht bekannt, wie ein solches System aufgebaut sein könnte. Bislang existieren lediglich schwache KI, die mit Algorithmen arbeiten und nur für genau definierte Aufgaben trainiert sind (vgl. Thelen 2020, 65-69).

Ein Algorithmus ist eine vorher festgelegte Vorgehensweise, in der eine definierte Aufgabe nach einem bestimmten Schema gelöst werden muss. Zum Beispiel kann ein Algorithmus genutzt werden, um das kleinste gemeinsame Vielfache von drei Zahlen zu bestimmen. In den Algorithmus würden in diesem Beispiel die erforderlichen Rechenregeln vorprogrammiert werden. Es gibt natürlich auch viel komplexere Algorithmen (vgl. Burkov 2019, 15).

Die höchste Form der künstlichen Intelligenz ist die „künstliche Superintelligenz" (auf Englisch: „Artificial Superintelligence"). Einer der führenden Philosophen und Visionäre auf dem Gebiet der KI, Nick Bostrom, definiert die Superintelligenz als eine Intelligenz, „welche den kognitiven Fähigkeiten eines menschlichen Gehirns in nahezu allen wichtigen Bereichen überlegen ist". Dazu gehören vor allem die wissenschaftliche Kreativität, allgemeine Weisheit und soziales Geschick (vgl. Bostrom 2014, 22).

In den 1980er-Jahren entstand ein Untergebiet der KI-Forschung, „Machine Learning" oder kurz „ML". Dieses Teilgebiet der Informatik befasst sich mit der Entwicklung von Algorithmen, welche eine Vielzahl von Beispielen benötigen, um auf ein nützliches Ergebnis zu kommen. Die Forschung von ML besteht darin, wie Computer mit eingegebenen Datensätzen (Inputs) Dinge selbst erlernen und daraus Folgerungen erschließen können. Mit einer genau definierten Aufgabe muss der Computer dann eigene Algorithmen kreieren. Ein Beispiel hierfür wäre die Spracherkennung von dem Amazon-Smart Speaker „Alexa". Wenn der Anwender des Geräts „Hey Alexa…" sagt, wandelt der Smart Speaker diese Schallwellen in ein digitales Muster um. Diese Wellenmuster unterscheiden sich natürlich je nach Tonlage, Akzent, Hintergrundgeräuschen und Wort sehr stark. Da es unmöglich ist, alle Kombinationen dieser Kriterien vorher einzuprogrammieren, greift man auf den ML-Ansatz zurück. Dafür lässt man eine Vielzahl von Menschen bei verschiedenen Hintergrundgeräuschen das Wort „Hey" sprechen. Diese Datensätze gibt man dem Computer, welcher dann eine Vorstellung daraus bekommt, wie die Wellenmuster für bestimmte Worte aussehen. Diesen Ansatz nennt man „supervised learning" (auf Deutsch: „überwachtes Lernen"), da der Computer vorher weiß, was die Wellenmuster der verschiedenen „Hey"s bedeuten. Im Anschluss werden nicht vorprogrammierte Wörter getestet. Der Algorithmus funktioniert dann, wenn der Computer die „Hey"s von anderen Wörtern unterscheiden kann. Der Gegensatz von „supervised learning" ist „unsupervised learning" (auf Deutsch: „unüberwachtes Lernen"). In diesem Fall muss der Computer innerhalb der Daten von sich aus Cluster oder Muster finden, in die sie sich kategorisieren lassen. Auf das letzte Beispiel bezogen hieße das, dass der Computer mithilfe der Wellenmuster der „Hey"s andere gesprochene Wörter kategorisieren und zuordnen kann. Daraus lässt sich konstatieren, dass Computer wie Alexa immer intelligenter werden, da sie mit immer mehr Daten gefüttert werden (vgl. Thelen 2020, 65-69). Diese riesigen Datenmengen, welche zur Steigerung der Leistungsfähigkeit eines künstlich intelligenten Systems benötigt werden, nennt man in der Fachsprache auch „Big Data". Ohne die Datenmengen wären KI nicht in der Lage, Lernerfolge zu erzielen (vgl. Schlieter 2015, 38).

In der weiteren Entwicklung der KI-Forschung entstand der Bereich „Tiefes Lernen" (auf Englisch: „Deep Learning, DL). Seit circa 2010 gehört dieses Gebiet der

Computerwissenschaften zu dem Teilgebiet des ML. Der aktuelle KI-Boom beruht weitestgehend auf dem tiefen Lernen mit künstlichen neuronalen Netzen. Als künstliches neuronales Netz bezeichnet man die künstlich mithilfe von Computern nachgebildeten Netzstrukturen von Nervenzellen eines menschlichen Gehirns. Jedoch gibt es deutliche Unterschiede zwischen dem künstlichen neuronalen und dem biologischen Netz. Tiefes Lernen ist demzufolge das Lernen mit Algorithmen mithilfe von künstlichen neuronalen Netzen. Bei der Bild- und Spracherkennung beispielsweise setzt man in das neuronale Netz Trainingsdaten ein, welche dann, ähnlich wie bei den Neuronen im menschlichen Gehirn, gefiltert werden. Die neuronalen Netze passen sich dabei selbst an, indem sie beim Lernen neue Knotenpunkte im Netz erstellen. Dadurch werden neue Verbindungen zwischen diesen Knoten geschaffen, welche das Netz erweitern (vgl. Wittpahl 2019, 22-33). Um das Ganze etwas zu veranschaulichen, betrachten wir das Beispiel der Bilderkennung etwas genauer. Bei der Disziplin der Bilderkennung geht es darum, dass die künstliche Intelligenz Bilder eigenständig Kategorien und Definitionen zuordnen kann. Diese Methode kommt mitunter bei der Entsperrung von Handys per Gesichtserkennung vor. Aber auch beim autonomen Fahren von Autos oder Lastkraftwagen ist sie eine der Schlüsseltechnologien. Man sprich bei dieser Technologie von „Machine Vision", da der Computer visuelle Informationen erfasst. Bei einem Menschen funktioniert das Erkennen von Bildern über den Sehnerv. Dieser Nerv leitet die Bilder ans Gehirn weiter, welches das Gesehene mit etwas verknüpft, das wir bereits kennen. Bei einem Computer hingegen ist das etwas aufwendiger, denn dieser kann zunächst einen Kreis nicht von einem Loch unterscheiden. Es könnte sich um einen Autoreifen oder auch um einen Donut handeln. Für eine funktionierende Bilderkennung sind also nicht nur die Pixel in einem Bild von Nöten, sondern auch ein Set von Trainingsdaten mit vordefinierten (auf Englisch: „labeled") Bildern von Autoreifen und Donuts. Der Algorithmus fungiert als ein Filter, indem er die Bilder in unterschiedliche Ebenen zerlegt und so die Unterschiede zwischen den Autoreifen und Donuts erlernt. Dieses Verfahren wird Deep Learning genannt. Im Anschluss gibt man dem „gelernten" Algorithmus neue noch nicht gezeigte (auf Englisch: „unlabeled") Bilder von Autoreifen und Donuts. Der Algorithmus ordnet dann die neuen Bilder mithilfe der erlernten Strukturen zu. Im Anschluss wertet man die Ergebnisse aus und gibt dem Algorithmus ein Feedback, ob es sich um einen Donut oder einen Autoreifen gehandelt hat (vgl. Thelen 2020, 67-73). So lernt der Algorithmus immer weiter dazu, bis er nur noch wenige bis keine Fehler beim selbstständigen Lösen aufweist.

3.2 Turing-Test

Der britische Mathematiker Alan Turing (1912-1954) veröffentlichte im Jahr 1950 den Aufsatz „Computing Machinery and Intelligence", welcher die 59. Ausgabe der Reihe „Mind: A Quarterly Review of Psychology and Philosophy" ist (vgl. Turing 1950, 1-460). Jenes Jahr gilt im engeren Sinn als Geburtsjahr der KI-Forschung (vgl. Mainzer 2019, 10). Der Mathematiker war in die frühe Entwicklung des Computers involviert. Er war einer der ersten Menschen, die sich ernsthaft mit der Frage beschäftigten, ob man Computer so programmieren kann, dass sie Aufgaben, welche menschliche Intelligenz benötigen, lösen können. Ein Schachspiel würde zu einer dieser Aufgaben zählen. Es war zwar klar, dass Computer lediglich das tun können, wofür sie programmiert wurden, jedoch war und ist es noch immer unklar, wie wir Computer programmieren können. Alan Turing war vermutlich bereits gelangweilt von philosophischen Diskussionen, ob Maschinen jemals „denken und verstehen" können. Hingegen aller Argumente, warum ein Computer niemals wie ein Mensch agieren kann, treibt er sein Projekt voran. In einem seiner veröffentlichten Werke schlägt er vor, man solle sich weniger damit beschäftigen, wie eine Maschine aussieht oder aus welchem Material sie ist, sondern eher das äußere sichtbare Verhalten beobachten. So hatte er die Idee, eine völlig offene Diskussion zwischen einem Menschen und einem Computer führen zu lassen. Das Besondere dabei war, dass die Teilnehmer der Diskussion lediglich über einen Monitor und eine Tastatur kommunizieren durften. Sie konnten sich dabei auch nicht sehen. Die Diskussionen gingen über alltägliche Themen, welche von einem Fragesteller eingeleitet wurden. Laut Turing würde der Computer dann gewinnen, wenn der Fragesteller anhand der Antworten nach unbegrenzter Zeit nicht den Computer von dem Menschen unterscheiden kann. Nach dem Ergebnis dieses Turing-Tests war Turing davon überzeugt, dass Computer eines Tages wie Menschen denken können. Der Satz „Intelligent is as intelligent does", was übersetzt so viel heißt wie „Intelligent ist der, der Intelligentes tut" bringt Turings Meinung auf den Punkt. Dies ist eine Anspielung auf das Zitat aus dem Film „Forest Gump", in welchem die Hauptfigur sagt: „Stupid is as stupid does". Auf Deutsch: „Dumm ist der, der Dummes tut". In anderen Worten sollte man, anstatt zu fragen, „ob eine Maschine denken kann" sich die Frage stellen: „Kann eine Maschine sich wie eine denkende Person verhalten?" (vgl. Levesque 2017, 7-10).

4 SWOT Analyse der Verwendung von künstlicher Intelligenz

4.1 Chancen (opportunities) und Stärken (strengths) von KI mit Praxisbeispielen

Sowohl für die Wirtschaft, als auch für den einzelnen Menschen bringt die künstliche Intelligenz eine Vielzahl von Chancen. Manche Experten sprechen sogar von der wichtigsten Erfindung der Menschheit, denn die KI verbindet sämtliche Technologien miteinander und schafft eine exponentielle Beschleunigung im technologischen Fortschritt (vgl. Thelen 2020, 81).

Zu einer allgemeinen Chance der KI gehört die Möglichkeit, menschliche Intelligenz dabei näher erforschen zu können. Denn um etwas simulieren zu können, bedarf es zuerst einer Forschung und anschließend einem Verständnis. Der Nachbau von neuronalen Netzen (siehe Seite 8) ist ein treffendes Beispiel hierfür. Mit der Forschung an KI geht also automatisch die Erforschung der menschlichen Intelligenz einher, was wiederum zu neuen Erkenntnissen führt.

Eine weitere Chance sowie ein weiterer Vorteil von KI ist deren Überlegenheit gegenüber dem Menschen in zahlreichen Bereichen. Hierzu gehören beispielsweise autonome, also selbstfahrende Autos. Durch autonom fahrende Autos gewinnt der Fahrer mehr Zeit für Entspannung oder Arbeit. Aber auch die Sicherheitsaspekte sollten nicht unerwähnt bleiben. Im Jahr 2010 starben weltweit 1,24 Millionen Menschen an Verkehrsunfällen, welche weitestgehend auf menschliches Versagen zurückzuführen sind. Demzufolge könnten durch autonome Autos mit hohen Sicherheitsstandards zahlreiche Menschenleben gerettet werden. Jedoch wird es noch lange Zeit dauern und viel Überzeugungskraft kosten, bis ausreichend selbstfahrende Autos in den Verkehr integriert sind. Dies liegt nicht zuletzt daran, dass viele Menschen dem Thema skeptisch gegenüberstehen. Jedoch werden sowohl die Risiken autonomer Fortbewegungsmittel, als auch die eigenen Fahrfähigkeiten häufig überschätzt (vgl. Stiftung für effektiven Altruismus 2015, 3-4). Eine Reihe an Studien zeigten, dass sich die meisten Verkehrsteilnehmer für bessere Fahrer halten, als sie es eigentlich sind, obwohl dies statistisch gesehen unmöglich ist. Diese Neigung beruht auf der Unfähigkeit, sich selbst mit den eigenen kognitiven Fähigkeiten auseinanderzusetzen und diese anschließend objektiv zu beurteilen (vgl. Saarbrücker Zeitung 2019). Bereits heute werden Autos serienmäßig mit Fahrassistenten ausgestattet, welche die Fahrten sicherer machen. Hierzu gehören beispielsweise Einparkhilfen, Spurhaltesysteme, Effizienz- oder Stauassistenten. Vollautonom fahrende Autos gibt es bislang jedoch nur auf der Teststrecke oder in Einzelfällen mit Sondergenehmigung, denn deren erfolgreicher Einsatz in der Praxis erfordert zunächst riesige Datenmengen (Big Data) als Grundlage. Mit der derzeit zunehmenden Vernetzung der Gesellschaft erhöht sich die Menge, Vielfalt und Verfügbarkeit dieser Daten allerdings. Die KI in selbstfahrenden Autos wird einen wesentlichen Beitrag bei der Optimierung von Verkehrsflüssen leisten und die Verkehrsinfrastruktur entlasten. Dadurch würden sich außerdem CO_2-Emissionen einsparen lassen und Innenstädte würden weniger Schadstoffbelastung ausgesetzt sein. Grob lassen sich die Zukunftsvisionen des automatisierten Fahrens in drei Hauptmerkmale gliedern. Zunächst würde die Leistungsfähigkeit der Menschen erweitert werden. Die autonomen Fahrzeuge bieten Mobilität nicht nur für gewöhnliche Verkehrsteilnehmer. Auch Minderjährige, Senioren und Menschen mit Einschränkungen könnten mobiler werden. Die zweite und dritte Vision wäre die bereits erwähnte Reduzierung der Verkehrsunfälle beziehungsweise die Optimierung der Verkehrsflüsse durch Entlastung des urbanen Verkehrs (vgl. Wittpahl 2019, 176-182).

Ein weiterer Vorteil der KI gegenüber menschlicher Fachexperten ist das Erstellen von Krankheitsdiagnosen von Patienten. Auch in diesem Beispiel neigt der Arzt zur Überschätzung seiner eigenen Fähigkeiten und Kompetenzen. Dies kann im schlimmsten Fall zu tödlichen Irrtümern führen. In Deutschland lag der Wert an Vorwürfen zu Behandlungsfehlern im Jahr 2019 bei 14.500 Fällen, wovon jedoch lediglich 25,3 Prozent bestätigt wurden. Dies geht aus einer Statistik des MDS (Medizinischer Dienst des Spitzenverbandes Bund der Krankenkassen) hervor (vgl. MDS 2019). Die Allgemeine Ortskrankenkasse (kurz AOK) meldete jedoch im Jahr 2011 18.800 Todesfälle auf der Basis von Behandlungsfehler in deutschen Krankenhäusern. Dies lag nicht zuletzt an mangelnder Hygiene und Lücken in der Spezialisierung mancher Kliniken. Zu Behandlungsfehlern in dem Jahr kam es in insgesamt 188.000 Fällen (vgl. SZ 2014). Manche Fehler ließen sich in Zukunft mithilfe von künstlicher Intelligenz vermeiden. KI, die auf die Bildanalyse von Röntgenbildern trainiert ist, können Ärzten bei der Tumorsuche unter die Arme greifen. Heutzutage sind KI-Systeme bereits so weit entwickelt, dass sie Hautkrebs, Brustkrebs und andere Krankheiten zuverlässiger als Ärzte erkennen können. Dies ist ein enormer Fortschritt in der Medizin. Ein KI-System aus Kalifornien kann Alzheimer-Erkrankungen mittels Hirnscans um rund sechs Jahre vor dem Auftreten der ersten Symptome erkennen. In Zukunft wird es möglich sein, individuelle Therapieempfehlungen mithilfe künstlicher Intelligenz abzugeben. Hierfür kann sie zahlreiche medizinische Studien durchforsten, um so eine wirkungsvolle Empfehlung vorzuschlagen. Die frühzeitige Erkennung von Behandlungsmöglichkeiten kann dem Gesundheitssystem viel Geld einsparen (vgl. Thelen 2020, 74).

Neben dem Gesundheitssektor wird auch der Finanzsektor von der künstlichen Intelligenz profitieren können. So sagt zum Beispiel der Direktor des Bereichs „Financial Services Technology Consulting" der Firma „PwC Deutschland", Michael Berns: „KI wird einer der entscheidenden Wettbewerbsfaktoren für Finanzinstitute sein. Sie bietet aber auch Anwendungsmöglichkeiten weit über die Automatisierung von Prozessen hinaus". Unter Verwendung von KI sollen nicht nur Kosteneinsparungen möglich sein, sondern auch Geschäftsprozesse digital effizienter. Die Komplexität von Risikobewertungen und Entscheidungsunterstützungen im Bereich Controlling könnten durch Automatisierung vereinfacht werden, indem eine KI die zugrundeliegenden Daten intelligent analysiert. Diese Funktionen sind für Kreditinstitute von höchster Bedeutung, denn es können Kosten bei der Beurteilung und Abwicklung von Kreditanfragen gespart werden (vgl. PwC 2020). Eine amerikanische Großbank beispielsweise ließ eine KI über die Hintergrunddaten für einen Vertrag laufen. Nach wenigen Sekunden waren diese analysiert. Juristen und Rechtshelfer hätten hierfür rund 360.000 Arbeitsstunden aufbringen müssen (vgl. Thelen 2020, 76). Auch können riesige Datenbestände Unternehmen, die Kredite beantragen mithilfe von Deep Learning auswerten. Somit kann man Betrug vorbeugen und besser identifizieren (vgl. PwC 2020). Aber auch bei der Analyse des Aktienmarkts spielt die künstliche Intelligenz eine große Rolle. In der heutigen Zeit gibt es immer mehr Daten, die für einen Anlageinvestor nicht überschaubar sind. Eine KI kann bei weitem mehr Daten auswerten und somit möglicherweise eine bessere Aktienbewertung oder eine genauere Prognose zum Aktienmarkt abgeben. Hinzu kommen noch Missbräuche bei Finanztransaktionen. Das Unternehmen IRIS Analytics entwickelte ab 1998 eine Software zum Schutz vor Missbräuchen bei Finanztransaktionen, welche mit einer KI „normale" Transaktionen von Betrugsversuchen unterscheiden kann. IBM erkannte das Potenzial des Koblenzer Unternehmens und übernahm dieses im Jahr 2016. Heute wird die Software von zahlreichen Banken benützt und erkennt Betrüge bei Finanztransaktionen in Echtzeit (vgl. BigData-Insider 2016).

Natürlich spiel KI auch für die Industrie eine sehr wichtige Rolle und bietet für viele Unternehmensbereiche große Chancen. Beispielsweise kann eine KI in Fabriken einen großen Beitrag zur prädiktiven Instandhaltung von Maschinen leisten – weit bevor diese ausfällt.

Durch Muster in Routine-Betriebsdaten kann eine KI mit bis zu 95 Prozent Wahrscheinlichkeit prognostizieren, wann eine Maschine ausfallen wird. Dadurch können Engpässe vermieden und Kosten eingespart werden. Des Weiteren wird bei der industriellen Fertigung auf die Robotik zurückgegriffen. Roboter können für die Menschen Fließbandarbeiten übernehmen, aber in vielen Fällen auch exakter arbeiten als Menschen. Für ein Unternehmen kann neben Kosten auch Zeit gespart werden (vgl. Russell/Norvig 2012, 1157-1158).

Ein weiterer Bereich in der Robotik wäre die Service-Robotik. Moderne Roboter können beispielsweise Senioren unter die Arme greifen. Sie können sich durch Befehle steuern lassen und in der häuslichen Umgebung unterstützen. So, laut dem „Verein Deutscher Ingenieure e.V." würde sich eine Lösung gegen den Fachkräftemangel im Pflegebereich bei steigender Rate pflegebedürftiger Menschen ergeben.

Einen weiteren Vorteil beim Einsatz künstlicher Intelligenz ergäbe sich für die Administration der öffentlichen Verwaltung. Es müssen viele handschriftlich ausgefüllten Formulare der Bürger ausgewertet werden. Digitale Systeme können dies in den meisten Fällen besser und schneller als Angestellte. Um für Standardprozesse, wie die Beantragung eines neuen Personalausweises, KI-Tools zu verwenden, braucht es lediglich eine ausreichend große Menge an Daten verschiedener Handschriften. Damit können viele Vorgänge algorithmisiert, also durch mathematische Funktionen ausgedrückt und automatisiert werden. So können Wartezeiten bei Verwaltungsvorgängen minimiert werden und Bürger würden schneller ihre benötigten Dokumente erhalten (vgl. VDI 2019).

4.2 Risiken (threats) und Schwächen (weaknesses) von KI mit Praxisbeispielen

Neben all den Chancen, die künstliche Intelligenz mit sich bringt und in Zukunft mit sich bringen kann, sind die Risiken und Schwächen jedoch nicht von der Hand zu weisen.

Zum Beispiel in der Finanzbranche stellt der Einsatz von immer komplexeren Algorithmen, die wir immer weniger verstehen ein gewisses Risiko dar. Zwar funktionieren die Systeme meist einwandfrei, doch es besteht immer die Möglichkeit eines Ausfalls, bei dem das ganze System in ein Chaos zu stürzen droht. Ein solch unwahrscheinliches Ereignis nennt man in der Fachsprache „Black-Swan-Ereignis", übersetzt also „Schwarzer-Schwan-Ereignis". Am 06. Mai 2010 beispielsweise, kam es an dem US-amerikanischen Finanzmarkt zu einem solchen Ereignis. Aufgrund von einer ungewöhnlich hohen Volatilität (starke Schwankungen) und einer geringen Liquidität am Aktienmarkt kam es durch einen Auslöser zu einer Liquiditätskrise und einem abrupten Absturz der Börsen. Eine geringe Liquidität am Aktienmarkt kommt dann zustande, wenn die Nachfrage nach einem Vermögenswert gering ist, da ein Käufer oder Verkäufer für den Vermögenswert schwer zu finden ist. Der Auslöser für das Ereignis im Jahr 2010 war der Start eines Verkaufsprogramms von 75.000 „E-Mini-S&P 500 future contracts¹" im Wert von 4,1 Milliarden US-Dollar. Ein Händler an der Börse hatte dieses computergesteuerte Programm, welches lediglich vom aktuellen Handelsvolumen abhängig war gestartet. In dem Programm war ein Verkaufsalgorithmus integriert, welcher den Verkauf bei der derzeitigen niedrigen Liquidität ausgelöst hatte. Das Computerprogramm wollte die Kontrakte - zu schnell für den Markt - verkaufen. Durch den Liquiditätsengpass kam es binnen weniger Minuten bei sämtlichen Leitindizes der Welt zu einem Absturz von teilweise mehr als neun Prozent. Nach kurzer Zeit schnellten die Leitindizes wieder auf den Ausgangswert zurück (vgl. Derleder/Knops/Bamberger 2017, 213). Solche Ereignisse sind zwar äußerst unwahrscheinlich, aber auch in Zukunft nicht ausschließbar.

Auch eine höhere Arbeitslosigkeit zählt zu einer der Risiken, welche mit der Ausbreitung von KI einhergehen kann. Wenn die Maschinen Arbeiten schneller, billiger und zuverlässiger erledigen können als Menschen, werden einige aufgrund zunehmender Automatisierung ihre Arbeitsstelle verlieren. Die moderne Industriewirtschaft ist abhängig von Computern und

---

¹ E-Mini- S&P 500 future contracts" sind elektronische, kleinstmöglich handelbare Einheiten auf den Börsenindex der 500 größten US-Unternehmen (S&P 500 Index). Diese speziellen Kontrakte haben, im Gegensatz zu herkömmlichen Kontrakten eine starke Hebelwirkung mit einem Multiplikator von 50 (vgl. Schaaf 2015).

greift insbesondere auf Programme mit KI zurück. Die US-amerikanische Wirtschaft beispielsweise ist abhängig von der Verfügbarkeit von Verbraucherkrediten. Überweisungen oder die Erkennung von betrügerischen Transaktionen werden weitestgehend von Programmen mit KI übernommen. Somit könnte man sagen, dass dadurch zahlreiche Arbeitsplätze verloren gegangen sind (vgl. Russell/Norvig 2012, 1191-1192). Der Umbruch von weniger Angestellten zu mehr Maschinen in Unternehmen würde neben der höheren Arbeitslosigkeit auch die Vermögensverteilung beeinflussen. Die Schere zwischen Arm und Reich könnte sich so noch weiter öffnen und für ein starkes Ungleichgewicht in der Bevölkerung sorgen. Dies gilt es natürlich zu vermeiden, indem die übertragene Arbeitslast vom Menschen zur Maschine nicht in Arbeitslosigkeit und Armut endet, sondern als Entlastung des Menschen, der dann mehr Raum für Freizeit und Selbstverwirklichung hat. Während Maschinen für einen möglicherweise noch größeren wirtschaftlichen Output sorgen, wäre ein Lösungsansatz zur Vermeidung von Massenarbeitslosigkeit das bedingungslose Grundeinkommen. Alle Menschen würden ein Einkommen ohne Bedürftigkeitsprüfung erhalten, das existenzsichernd ist und die gesellschaftliche Teilhabe ermöglicht (vgl. Stiftung für effektiven Altruismus 2015, 5-6).

Ein weiteres, höchst brisantes Risiko ist die Verwendung von KI-Systemen im Militär. Auch hier besteht eine gewisse Gefahr, dass diese Systeme unerwartet fehlschlagen oder missbraucht werden. Durch ein mögliches Wettrüsten bei KI-Technologien im Militär droht das Risiko, dass die Sicherheiten und Ausfallmöglichkeiten solcher Technologien in den Schatten gestellt werden, um möglichst die Nase vorn zu haben. Investitionen in die Sicherheit und Verlässlichkeit von KI-Systemen sind also von höchster Bedeutung. Gerade im Militär sind Fehlfunktionen meist unverzeihlich und oft unumkehrbar. Leider besteht aus wirtschaftlicher Sicht ein geringer Anreiz neben KI-Leistungssteigerungen auch in KI-Sicherheit zu investieren (vgl. Stiftung für effektiven Altruismus 2015, 1-11).

Auch eigenständig agierende Waffensysteme stellen ein hohes Risiko dar. Ein Roboter ohne menschliche Entscheidungsfindung trifft vielleicht eines Tages eine Entscheidung, die zum Tod einer unschuldigen Zivilperson führt. Wer dann für eine solche Tat verantwortlich sein wird, ist bislang nicht eindeutig geklärt (vgl. Russell/Norvig 2012, 1193).

Auch in anderen Bereichen könnte die Verwendung von Systemen mit künstlicher Intelligenz zu einem Verlust der Verantwortung führen. Wer ist zum Beispiel verantwortlich, wenn sich ein Arzt auf die Beurteilung einer Diagnose durch eine auf Medizin spezialisierte künstliche Intelligenz verlässt und diese Diagnose falsch ist? Da der Einfluss solcher technischen

Systeme stetig wächst, ist in der heutigen Medizin akzeptiert, dass einem Arzt die Fahrlässigkeit nicht nachgewiesen werden kann, wenn dieser medizinische Prozeduren anwendet, die einen hohen zu erwarteten Nutzen aufweisen. Dabei spielt das tatsächliche Ergebnis bei einem Patienten nach einer Behandlung keine Rolle. Somit müsste die Frage bei einer unvernünftigen Diagnose eher lauten, wessen Fehler diese ist. Vor Gericht wurden Entscheidungen ähnlicher Vorfälle bislang immer so begründet, dass Ärzte stets verantwortlich für das Verständnis der Begründung von medizintechnischen Expertensystemen sind. Somit hat ein Expertensystem, wie eine auf Medizin spezialisierte KI dieselbe Funktion wie ein Medizinlehrbuch. Das System sollte also nicht direkt die Behandlung an einem Patienten beeinflussen, sondern soll lediglich das Verhalten und die Ansicht des Arztes unterstützen. Nach dieser Gesetzgebung können Ärzte rechtlich dafür verantwortlich gemacht werden, wenn sie die Empfehlung eines Expertensystems, welches zuverlässig genauer als menschliche Diagnostiker ist, nicht befolgen.

Ähnlich kompliziert ist es mit der Verantwortung einer KI bei Geldgeschäften. Es ist noch unklar, wer die Verantwortung trägt, wenn ein KI-System Schulden aufbaut oder ob ein solches System über ein eigenes Vermögen verfügt, mit dem es auf eigene Rechnung Handel betreiben kann (vgl. Russell/Norvig 2012, 1194). Viele dieser Unklarheiten können in Zukunft zu großen Konflikten führen und somit zu einer Gefahr für die Gesellschaft. Im Allgemeinen stellt sich die Frage, ob man einem Computer Verantwortung übertragen kann.

Ein weiteres Risiko für das menschliche Sozialverhalten kommt aus der Unterhaltungsindustrie. Der Suchtfaktor von Videospielen und dem Internetzugang erhöht sich mit einer immer besser werdenden Grafik von technischen Geräten und neuen Unterhaltungstechnologien. Die psychologischen und sozialen Auswirkungen dieser Entwicklung sind noch wenig erforscht - vor allem auf langfristige Sicht. Manche Auswirkungen zeichnen sich jedoch schon ab. Eine verkürzte Aufmerksamkeitsspanne ist eine davon. Aber auch das Aufwachsen von Kindern verändert sich nachhaltig. Dies könnte zu einem hohen Anteil bei Jugendlichen führen, die Probleme beim Erschließen eines Schulabschlusses oder einer Ausbildung haben. In Zukunft werden virtuelle Realitäten noch ausgeklügelter sein und unsere Lebenswelt noch stärker verändern. Man denke an den Film Avatar (vgl. Stiftung für effektiven Altruismus 2015, 5-6).

Das Ende der menschlichen Rasse durch den Erfolg von künstlicher Intelligenz wäre das bei Weitem größte Risiko der KI für uns Menschen. In den falschen Händen hat nahezu jede Technologie das Potenzial, Schaden anzurichten. Aber was wäre, wenn die falschen Hände der Technologie selbst zuzuweisen sind? Die zwei KI-Forscher Stuart Russell und Peter Norvig sehen von diesem Problem drei ausgehende Gefahrenquellen.

Die erste wäre eine falsche Zustandseinschätzung des KI-Systems, welche daraufhin eine falsche Handlung ausführt. Ein Beispiel hierfür wäre, wenn ein autonomes Fahrzeug die Position eines entgegenkommenden Autos falsch abschätzt und dies zu einem Unfall führt, bei dem die Insassen ums Leben kommen. Ein weiteres, bei weitem dramatischeres Szenario könnte sein, wenn ein intelligentes Raketenabwehrsystem fälschlicherweise einen Angriff verzeichnet und einen Gegenangriff startet bei dem tausende Menschen verunglücken. Diese Fehler könnten genauso Menschen unterlaufen. Jedoch müssen diese Fehleinschätzungen eines Systems unbedingt unterbunden werden.

Die zweite Gefahrenquelle liegt darin, dass es nicht so leicht ist, die richtige Nutzenfunktion eines KI-Systems zu bestimmen, um den maximalen Nutzen für die Menschen zu erreichen. Beispielsweise könnte die Nutzenfunktion einer KI darauf ausgelegt sein, das „menschliche Leid" zu minimieren. Da es allerdings in der Natur des Menschen liegt, selbst wenn es ihm gut geht einen Weg zu finden, Leid zu schaffen und nach unersättlichen Bedürfnissen zu streben, wäre die einzige rationale Entscheidung der KI, den Menschen selbst abzuschaffen. Denn ohne Menschen gibt es auch kein Leiden mehr. Somit müssen wir als Menschen gut darauf achten, wie die Nutzenfunktion eines KI-Systems zu bestimmen ist.

Die dritte Gefahrenquelle liegt in der Lernfunktion eines KI-Systems, welches sich dadurch zu einem System mit nicht beabsichtigtem Verhalten entwickeln kann (vgl. Russell/Norvig 2012, 1195). Denn wenn eine Superintelligenz, welche jegliche intellektuellen Aktivitäten des klügsten Menschen übertrifft eben auch diejenige intellektuelle Aktivität des Menschen besitzt, Maschinen zu entwerfen, könnte dies darin enden, dass eine Superintelligenz noch bessere Maschinen als sich selbst entwirft. Es käme zu einer „Intelligenzexplosion" bei der die Intelligenz des Menschen dann noch weiter zurückgeworfen werden würde. Die Superintelligenz könnte somit die letzte Erfindung sein, die der Mensch machen muss, vorausgesetzt, die Maschine ist fügsam genug, um uns zu sagen, wie wir sie unter Kontrolle halten können (vgl. Good 1965, 33).

5 Zukunftsprognose und Schlussbetrachtung

5.1 Zukunftsprognose

Schlussendlich kommen immer noch viele Fragen auf, wie sich das Thema künstliche
Intelligenz auf uns Menschen auswirken kann und wie sich dieser Bereich weiterentwickeln
wird. Wir stehen noch am Anfang einer neuen Technologie, die unzählige Chancen und
Risiken mit sich bringen kann. Fest steht, dass bereits mittlere Erfolge in Sachen künstliche
Intelligenz - auch wenn diese oftmals eher hinter den Kulissen arbeitet - das Alltagsleben
vieler Menschen beeinflussen wird. So ist zum Beispiel die Bearbeitung und Überwachung
von Kreditkartentransaktionen trotz der Omnipräsenz für den normalen Verbraucher nicht
sichtbar. Auch im Finanzmarkt spielt sich im Hintergrund ein gigantisches komplexes
Schauspiel mit Technologie ab. BlackRock, der größte Vermögensverwalter der Welt,
verwaltet mehrere Billionen US-Dollar an Kapital, welches sowohl von Privatanlegern als
auch von institutionellen Anlegern stammt. Mithilfe der auf KI basierenden Software
„Aladdin", rechnet sich BlackRock in Millisekunden die ökonomischen Folgen eines
Ereignisses aus. So kann der Finanzgigant zahlreiche Risikoanalysen vornehmen. Das dient
vor allem dem managen von Anlegerportfolios. Selbst die Federal Reserve (kurz: FED), die
amerikanische Zentralbank, ist Kunde bei BlackRock und beauftragte das Unternehmen
infolge der Coronakrise, beim Aufkaufprogramm von börsengehandelten Fonds mitzuwirken
(vgl. BlackRock 2021). In der Weiterentwicklung von KI spielen auch ethische Ansichten und
Konsequenzen eine wichtige Rolle und sollte nicht von der KI-Forschung entkoppelt werden.
Wird die zukünftige Leistung einer KI für gute oder böse Zwecke verwendet werden? Eine
künstliche Superintelligenz auf einem nicht begreifbaren Fähigkeitsniveau könnten die
Freiheit, Autonomie und auch das Überleben der Menschen direkt beeinflussen und bedrohen.
Nichtsdestotrotz ist es eine angenehme Vorstellung, wie uns praktische persönliche
Assistenten im Alltagsleben begleiten, auch wenn dadurch das wirtschaftliche Gleichgewicht
für kurze Zeit ins Schwanken käme, was wiederum auf die zunehmende Automatisierung in
sämtlichen Bereichen der Wirtschaft zurückzuführen ist (vgl. Russell/Norvig 2012, 1211-
1212). Modelle wie das bereits erwähnte bedingungslose Grundeinkommen sowie eine
negative Einkommenssteuer, welche auch Geringverdienern einen Existenz-gesicherten
Lebensstil ermöglichen sollen, können die negativen Auswirkungen der zunehmenden

Automatisierung auf sozialer Ebene abfedern (vgl. Stiftung für effektiven Altruismus 2015, 7). Solche Modelle werden in Zukunft noch eine viel größere Rolle spielen als heutzutage. McKinsey, eines der weltweit führenden Unternehmens- und Strategieberatungsunternehmen schätzt, dass in etwa 60 Prozent der Arbeitsbereiche ein Drittel der Tätigkeiten automatisiert werden kann. Gleichwohl behauptet das Beratungsunternehmen, dass weniger als 10 Prozent der Berufe auf Tätigkeiten beruhen, die entweder komplett oder zu mehr als 90 Prozent durch den Einsatz einer KI automatisiert werden können. Die damit einhergehende Arbeitslosigkeit führt, aufgrund der sinkenden Nachfrage nach Gütern und Dienstleistungen, zu einem Verlust des Inlandskonsums. Eine sinkende Nachfrage führt auf Dauer zu einem sinkenden Angebot und somit wiederum zu noch mehr Arbeitslosigkeit. Diese umgekehrte Lohn-Preis-Spirale hätte einen negativen Effekt auf die Wirtschaft. Laut einer Schätzung von McKinsey könnte der positive Effekt der Automatisierung durch KI bis 2030 aufgrund von Arbeitslosigkeit um vier Prozentpunkte gedrückt werden. Weitere fünf Prozent Verlust könnte durch die Übergangs- und Implementierungskosten der KI entstehen. Daran kann man erkennen, dass die Nutzung von KI-basierten Automatisierungen und Innovationen in der Wirtschaft ihren Preis hat. Der Einsatz von künstlicher Intelligenz wird sich nachhaltig auf Arbeitnehmer, Unternehmen und somit auch Volkswirtschaften auswirken. Das heißt, dass die signifikanten Effekte dieses technologischen Wandels erst in mehreren Jahren deutlich werden. Aus Sicht des globalen Bruttoinlandsprodukts ergibt sich aus allen positiven und negativen Effekten der KI-Implementierung ein kumulierter Netto-Effekt von schätzungsweise plus einem Prozent bis ins Jahr 2023 und ein Plus von sechzehn Prozent bis 2030. Erst ab dem Jahr 2030 kann sich das disruptive Potenzial der künstlichen Intelligenz umfassend entfalten und zu einem starken Wachstum im Dienstleistungs-, Produkt- und Prozessinnovationen führen. Wie der rasant voranschreitende Wandel die Arbeitslosenquote verändert, ist ungewiss. Hierzu gehen die Meinungen stark auseinander. McKinsey schätzt, dass die absolute Gesamtzahl der Arbeitsplätze durch den Einsatz der KI bis 2030 weltweit kaum verändert wird. Die Netto-Effekte auf die Gesamtbeschäftigung soll sich gerade mal um ein Prozent verringern (vgl. McKinsey 2018, 2-4). Nichtsdestotrotz könnte der Einsatz von KI in Unternehmen zu gravierenden Verwerfungen führen. Wenn beispielsweise Mitarbeiter durch eine KI ersetzt werden, da diese effektiver und günstiger ist, trifft das auf Angst und Wut in der Bevölkerung. Somit könnte auch das Unternehmensbild beschädigt werden. Folglich stehen viele Unternehmen von der Herausforderung, die Chancen von KI zu erkennen und zu nutzen. Im gleichen Zug sollten jedoch die Risiken identifiziert und bewältigt werden (vgl. Kreutzer 2019, 64-68). Bei einer sozialpolitisch richtigen Ausführung der KI-Implementierung wird die

Arbeitslosigkeit durch KI-gestützte Automatisierung also nicht explodieren. Die Automatisierung senkt die Produktionskosten und fördert den Arbeitsmarkt für qualifiziertes Personal. Ein Land mit entsprechender Qualifizierung kann somit die Ausbeutung durch Produktionsverlagerungen in Billiglohnländern vermindern (vgl. Mainzer 2019, 180). Zum Beispiel hätte die Produktion mit Billiglöhnen aus China oder Indien keinen Wettbewerbsvorteil mehr. Siemens lässt bereits wieder Mobiltelefone in Deutschland herstellen, Bosch errichtet das neue Chipherstellungswerk nicht in Asien, sondern in Dresden. Auch Adidas lässt einen Teil der Schuhsohlenproduktion mithilfe von dreidimensionalen Druckern in Deutschland fertigen. Dieser Schritt zurück wird im Fachjargon „Reshoring" genannt, was übersetzt so viel heißt wie: „Produktionsrückverlagerung aus dem Ausland" (vgl. Simon 2019, 140). Am Beispiel Deutschland kann man gut sehen, dass ein Land mit bereits höherer Automatisierung eine verhältnismäßig geringe Arbeitslosenquote hat. Die hohe Arbeitslosigkeit in Ländern wie Indien ist somit zum Beispiel auf versäumte Reformen des Arbeitsmarktes zurückzuführen. In der Gesamtbetrachtung wird das Know-how der Menschen auf allen Gebieten weiterhin benötigt. Denn hochqualifizierte Ingenieure und Maschinen alleine reichen nicht aus. Im Motor- und Anlagebau beispielsweise, werden Bereiche wie Elektronik und Informatik neben dem Ingenieurswesen viel stärker gefragt sein. Die Automatisierung durch KI-Techniken macht interdisziplinäre Kooperationsfähigkeiten zu unverzichtbaren Ausbildungsanforderungen, was man gut am immer schnelleren Veralten von Computerprogrammen sieht. Daher muss man sich in Zukunft gut überlegen, wozu man Menschen überhaupt ausbildet. Die Fähigkeit, sich in neue Arbeitsprozesse einzuarbeiten oder sich auf neue Situationen einzustellen, wird eine der wichtigsten in der Ausbildung sein (vgl. Mainzer 2019, 180-181).

Wie genau die Zukunft mit neuen KI-basierten technischen Errungenschaften aussieht, kann keiner genau vorhersagen. Es wird eine Vielzahl an Fabrikrobotern geben, welche beispielsweise noch stärker in der Autoproduktion arbeiten. Auf einer vollautomatisierten Produktionslinie werden Roboter an Stationen Bauteile schweißen, kleben, lackieren und schließlich zusammenbauen. Aber auch zum Palettieren oder Verpacken werden Roboter noch häufiger eingesetzt werden. Mobile Roboter werden in Lagerhallen, Containerhäfen oder Krankenhäuser beim Transport von Gegenständen aushelfen, wie es beispielsweise in den Lagern des Giganten Amazon bereits gang und gäbe ist. In der Agrarwirtschaft können automatisierte Obsterntemaschinen für den Menschen unbequeme Arbeiten, wie das Pflücken von Obst, übernehmen. Auch gefährliche Tätigkeiten, wie die eines Bergbauarbeiters, können von Bergbaurobotern übernommen werden.

Für pflegebedürftige Menschen dürfte die Weiterentwicklung von KI ebenfalls eine wichtige Rolle spielen. In einer immer älter werdenden Gesellschaft, können Roboter für ältere oder behinderte Menschen im Haushalt eingesetzt werden. Diese ermöglichen es zum Beispiel, beim Zubereiten oder Servieren von Mahlzeiten zu assistieren. Auch der Fachpersonalmangel im Pflegebereich würde von der Weiterentwicklung der künstlichen Intelligenz profitieren. Nichtsdestotrotz sollten die Schattenseiten von Robotern nicht von der Hand gewiesen werden. Bewaffnete Militärroboter können in Kriegen oder zur Bekämpfung von Menschen dienen und inadäquat eingesetzt werden. Die „Hemmschwelle" eines Roboters steht ebenfalls in der Kritik, wenn es um die Bekämpfung von anderen Menschen geht (vgl. Teigens 2019, 117-126). Des Weiteren werden zunehmend KI im Finanzsektor eingesetzt. Beim algorithmischen Handel beispielsweise, treffen komplexe KI-Systeme Handelsentscheidungen in Sekundenschnelle, wozu ein Mensch nicht in der Lage ist. Täglich werden an der Börse Millionen von Trades ohne menschliches Eingreifen getätigt. Aber auch von KI übernommene Marktanalysen werden immer mehr zunehmen. Die unglaubliche Menge an Daten die tagtäglich in der Finanzwelt kursiert, sind für einen Menschen nicht mehr überschaubar. Auch für das bereits erwähnte Anlageportfolio-Management werden Robo-Berater immer häufiger eingesetzt. Diese auf Algorithmen basierenden Systeme bieten eine umfangreiche Finanzberatung mit minimalem menschlichem Eingriff (vgl. Teigens 2019, 58-59). Im Bereich des Verkehrs und Mobilität werden sich in Zukunft ebenfalls viele Dinge verändern. Die Anforderungen für Sicherheit und Mobilität steigen mittel- bis langfristig. Mit den voranschreitenden technologischen Möglichkeiten, werden automatisierte Autobahnsysteme ein Teil der Zukunft werden. Durch vollautomatisierte Fahrzeuge würden sich theoretisch sowohl engere Fahrzeugabstände, als auch höhere Geschwindigkeiten einrichten lassen. Hierfür müssten die Fahrzeuge mit Sensor-, Computer- und Kommunikationssystemen ausgestattet sein. Mit diesem Modell könnte, unter anderen, der Beruf des Lastkraftwagenfahrers in Gefahr sein, da diese nur noch bedingt benötigt werden. Auch eine automatisierte Abfallentsorgung mit autonomen Müllfahrzeugen würde zwar den Arbeitsaufwand mindern, aber auch den Bedarf an Arbeitnehmern verringern (vgl. Teigens 2019, 170-171).

Es gibt noch zahlreiche weitere Einflüsse, welche die KI auf unser aller Leben haben wird. Viele Veränderungen sind uns noch nicht mal bekannt oder gar vorstellbar. In der Arbeitswelt wird sich einiges umstrukturieren. Wenn Roboter und andere KI-basierte Technologien günstiger, zuverlässiger und effektiver arbeiten als menschliche Angestellte, könnte es zu einer Massenarbeitslosigkeit kommen. Bill Gates, der Gründer von Microsoft, ist der

Meinung, dass die Regierungen die Nutzung von Robotern an Arbeitsplätzen besteuern sollten. Damit würde sich die Verbreitung der Automatisierung zumindest vorübergehen verlangsamen lassen. Auch könnten mit den eingenommenen Steuern anschließend andere Arbeitsplätze finanziert werden (vgl. Teigens 2019, 118). Diese Arbeitsplätze könnten auch einfach durch die zwangsläufige Gründung neuer Industrien entstehen. Die Robotikindustrie, Computerindustrie oder die Designindustrie würden einen starken Zuwachs erfahren und bräuchten im gleichen Zug zahlreiche Beschäftigte. Der technologische Fortschritt würde folglich ganze Branchen wegfallen lassen, aber auch eine Vielzahl an Arbeitsplätzen schaffen (vgl. Teigens 2019, 176). Laut einer Schätzung über die Arbeitsstellen in der Zukunft werden bis 2022 insgesamt 75 Millionen Jobs von menschlichen Arbeitskräften durch Maschinen oder Roboter ersetzt werden. Jedoch könnten durch den technologischen Wandel 133 Millionen neue Jobs entstehen. Als Qualifikation bräuchten die Arbeitnehmer im Allgemeinen jedoch ein viel umfangreicheres technisches Verständnis, als es bislang üblich war. Vor allem Datenanalysten und Wissenschaftler, Software- und Anwendungsentwickler, Onlinehändler und Social Media-Spezialisten werden mehr gebraucht. Aber auch Fachkräfte, die eindeutig „menschlichen" Fähigkeiten zugeordnet werden können, werden einen Zuwachs erfahren. Dazu zählen zum Beispiel Kundendienstmitarbeiter, Fachkräfte in Vertrieb und Marketing sowie Spezialisten für Kultur und Organisationsentwicklung (vgl. weforum 2018, 8). All diese Veränderungen müssen sowohl von den Regierungen als auch von den Arbeitgebern dieser Welt unterstützt werden.

Die wahrscheinlich wichtigste Frage, die sich die Menschheit über die rasante Entwicklung moderner Technologien stellen sollte, hat der US-amerikanische Sozialwissenschaftler Herbert A. Simon bereits 1977 formuliert: „Perhaps the most important question of all about the computer is what it has done and will do to man's view of him self and his place in the universe". Mit dieser Aussage verdeutlichte der Nobelpreisträger, welchen Einfluss der Computer auf das Selbstverständnis der Menschen und deren Platz im Universum hat und haben wird (vgl. Simon 1977, 1190). Manche Technologie-Visionäre werden möglicherweise versuchen, das Menschenbild in ihrem Interesse zu verändern. Denn es bedarf einer Rechtfertigung, wenn man immer weiter in die menschliche Intimität, wie Gefühle und Gedanken, eindringt um sie für kommerzielle Zwecke zu verwenden. Hierfür müsste die klassische humanistische Weltansicht durch eine positivistische Ansicht ersetzt werden, welche den Menschen nicht als Endzweck, sondern als „Werkzeug des Fortschritts" ansieht (vgl. Precht 2020, 64). Ein Argument, was für eine solche Rechtfertigung aufgegriffen werden könnte ist, dass Maschinen, im Gegensatz zu Menschen, nicht zu schwach für eine bedingungslose Expansion wären (vgl. Precht 2020, 71-72). Wie das Leben zwischen Mensch und Maschine später mal genau aussieht, ist noch ungewiss. KI wird Probleme oftmals anders lösen, als es ein Mensch tun würde. Doch vielleicht gilt hier, wie Albert Einstein einst sagte: „Man muss die Welt nicht verstehen, man muss sich nur darin zurechtfinden". Die Sache ist die, dass sich Maschinen in der Welt noch anders zurechtfinden als Menschen, was in unabsehbarer Zeit auch noch so bleiben wird (vgl. Precht 2020, 134). Dies sollte immer berücksichtigt werden, um Konflikte zwischen Mensch und Maschine zu vermeiden.

5.2 Fazit

Mein persönliches Fazit zum Thema künstliche Intelligenz in der Gegenwart und Zukunft lässt sich nicht direkt einem Pro oder Contra zuordnen. Meiner Meinung nach gibt es hier kein schwarz oder weiß. Denn wie so oft in unserem Leben, kann der Mittelweg die ideale Ausführung sein. Sowohl Forscher für Unternehmen als auch die Obrigkeiten aller Länder müssen sich ihrer Verantwortung schnellstmöglich bewusstwerden und offene Fragen, welche die Verwendung von künstlicher Intelligenz betreffen, klären. KI kann für die Menschen zugleich Fluch oder Segen sein. Ich spreche mich also nicht für ein ausnahmsloses Verbot oder einer generellen Sanktionierung von KI aus, im Gegenteil. Um den größten aktuellen Problemen der Menschheit, wie dem Klimawandel, dem vernünftigen Umgang mit Ressourcen und Kriegen begegnen zu können, bedarf es an Neuerungen und Maßnahmen – und das nicht erst in 100 Jahren. Die künstliche Intelligenz könnte hierbei die wichtigste Rolle spielen. Wir müssen also darauf achten, dass sämtliche Formen der künstlichen Intelligenz behutsam in unser Leben integriert werden und dem Allgemeinwohl dienen. Auch Armut durch Massenarbeitslosigkeit gilt es zu vermeiden. KI-basierte Technologien werden einige der heutzutage gängigen Berufe übernehmen können. Dies könnte zwar zur Entlastung der Arbeitnehmer dienen, sollte jedoch nicht als Treiber von Arbeitslosigkeit werden. Im gleichen Zug müssen neue Arbeitsplätze geschaffen und Arbeitnehmer für die neuen Jobs weitergebildet werden. So könnten sowohl die Arbeitgeber, als auch die Arbeitnehmer von der Weiterentwicklung der künstlichen Intelligenz profitieren. Neben all der Euphorie, sollte man nicht die Gefahren und Risiken ausblenden. Nichtsdestotrotz blicke der weiteren Entwicklung von KI zuversichtlich entgegen.

Abkürzungsverzeichnis

AI	Artificial Intelligence
CO2	Kohlenstoffdioxid
FED	Federal Reserve (Zentralbank-System der Vereinigten Staaten)
KI	künstliche Intelligenz
ML	Machine Learning (maschinelles Lernen)
Robo	Roboter
SWOT	Strengths (Stärken), Weaknesses (Schwächen), Opportunities (Chancen) und Threats (Risiken)
US	United States
USA	United States of America
vgl.	vergleiche
z.B.	zum Beispiel

Quellen- und Literaturverzeichnis

Bibel/Eisinger 1987   Wolfgang, Norbert Eisinger, Josef Schneeberg, Jörg Siekmann, Bibel
                      1987: Studien- und Forschungsführer Künstliche Intelligenz, Springer-
                      Verlag, Berlin Heidelberg.

BigData-Insider 2016 BigData-Insider 2016: IBM übernimmt IRIS Analytics, Künstliche
                     Intelligenz schützt vor Missbrauch, in:
                     https://www.bigdata-insider.de/index.php/kuenstliche-intelligenz-
                     schuetzt-vor-missbrauch-a-518145/ [26.11.2020].

BlackRock 2021   BlackRock 2021: Aladdin by BlackRock, in:
                     https://www.blackrock.com/aladdin [14.01.2021].

Bostrom 2014   Nick Bostrom 2014: Superintelligence: Paths, Dangers, Strategies, 1.
                     Auflage, Oxford University Press, United Kingdom.

Burkov 2019   Andriy Burkov 2019: Machine Learning kompakt, Alles, was Sie
                     wissen müssen, MITP-Verlags GmbH & Co. KG, Frechen.

Derleder/Knops/Bamberger 2017
                     Derleder, Kai-Oliver Knops, Heinz Georg Bamberger, Peter 2017:
                     Deutsches und europäisches Bank- und Kapitalmarktrecht, Band 2, 3.
                     Auflage, Springer-Verlag GmbH Deutschland, Berlin, Deutschland.

Good 1965   Irving John Good 1965: Speculations Concerning the First
                     Ultraintelligent Machine, Academic Press INC., New York, USA in:
                     https://vtechworks.lib.vt.edu/bitstream/handle/10919/89424/TechReport
                     05-
                     3.pdf;jsessionid=50DCC092497566C3A9F82E2FEE6F07AA?sequence
                     =1 [29.11.2020].

Kreutzer 2019	Kreutzer, Marie Sirrenberg, Ralf T. 2019: Künstliche Intelligenz verstehen: Grundlagen – Use-Cases – unternehmenseigne KI-Journey, Springer Fachmedien Wiesbaden GmbH, Wiesbaden, Deutschland.
Lamberti 2006	Georg Lamberti 2006: Intelligenz auf dem Prüfstand: 100 Jahre Psychometrie, Vandenhoeck & Ruprecht GmbH & Co. KG, Göttingen.
Levesque 2017	Hector J. Levesque 2017: Common Sense, the Turing Test, and the Quest for Real QI: Reflections on Natural and Artificial Intelligence, The MIT Press, Cambridge, Massachusetts, USA.
Mainzer 2019	Klaus Mainzer 2019: Künstliche Intelligenz – wann übernehmen die Maschinen? 2. Erweiterte Auflage, Springer-Berlag GmbH, Berlin Deutschland.
McKinsey 2018	McKinsey 2018: Notes from the AI frontier, Modeling the Impact of AI on the world economy, San Francisco, in: https://www.mckinsey.com/~/media/McKinsey/Featured%20Insights/Artificial%20Intelligence/Notes%20from%20the%20frontier%20Modeling%20the%20impact%20of%20AI%20on%20the%20world%20economy/MGI-Notes-from-the-AI-frontier-Modeling-the-impact-of-AI-on-the-world-economy-September-2018.ashx [21.12.2020].
MDS 2019	Medizinischer Dienst des Spitzenverbandes Bund der Krankenkassen: Behandlungsfehlergutachten der MDK 2009-2019 in: https://www.mds-ev.de/mdk-statistik/infografiken-zu-mdk-behandlungsfehlergutachten.html [21.11.2020].
PwC 2020	PwC-Studie 2020: Künstliche Intelligenz im Finanzsektor, Für Banken und Versicherungen bieten sich große Chancen mit Künstlicher Intelligenz (KI) – es gibt aber noch ungenutzte Potenziale, in: https://www.pwc.de/de/finanzdienstleistungen/kuenstliche-intelligenz-im-finanzsektor.html [26.11.2020].

Precht 2020   Richard David Precht 2020: Künstliche Intelligenz und der Sinn des
                       Lebens, 1. Auflage, Wilhelm Goldmann Verlag, München, Deutschland

Russell/Norvig 2003   Russell, Peter Norvig, Stuart 2003: Artificial Intelligence: A Modern
                       Approach, 2. Auflage, Upper Saddle River New Jersey, Prentice Hall.

Russell/Norvig/Davis 2010
                       Stuart, Peter Norvig, Ernest Davis, Russell 2010: Artificial Intelligence:
                       A Modern Approach, 3. Auflage, Upper Saddle River New Jersey,
                       Prentice Hall.

Russell/Norvig 2012   Russell, Peter Norvig, Stuart 2012: Künstliche Intelligenz, Ein
                       moderner Ansatz, 2. aktualisierte Auflage, Pearson Deutschland GmbH,
                       München, Deutschland, in:
                       https://vowi.fsinf.at/images/b/bc/TU_Wien-
                       Einf%C3%BChrung_in_die_K%C3%BCnstliche_Intelligenz_VU_%28
                       Eiter%2C_Tompits%29_-_K%C3%BCnstliche_Intelligenz-
                       _Ein_moderner_Ansatz_%283.%2C_aktualisierte_Auflage%29.pdf
                       [26.11.2020].

Saarbrücker Zeitung 2019
                       Saarbrücker Zeitung 2019: Schlechte Fahrer halten sich für die besten,
                       in: https://www.saarbruecker-zeitung.de/sz-spezial/motor/schlechte-
                       autofahrer-halten-sich-fuer-die-besten_aid-38215901 [21.11.2020].

Schaaf 2015   Tycho Schaaf 2015: LYNX Broker, Der E-mini S&P 500 | Meine Top 5
                       Futures, in:
                       https://www.lynxbroker.de/boerse/boerse-kurse/futures/futures-news-
                       tipps/der-e-mini-sp-500-meine-top-5-futures/ [29.11.2020].

Schlieter 2015   Kai Schlieter 2015: Die Herrschaftsformel: Wie Künstliche Intelligenz
                       uns berechnet, steuert und unser Leben verändert, Westend Verlag
                       GmbH, Frankfurt/Main.

Simon 1977   Herbert A. Simon 1977: What Computers Mean for Man and Society,
                    in:http://digitalcollections.library.cmu.edu/awweb/awarchive?item=633
                    99&type=file [30.11.2020].

Simon 2019   Walter Simon 2019: Künstliche Intelligenz: Was man wissen muss,
                    BoD – Books on Demand, Norderstedt, Deutschland.

Stanford Business 2017

                    Stanford Graduate School of Business 2017: Andrew Ng: Why AI Is
                    the New Electricity. A computer scientist discusses artificial
                    intelligence's promise, hype, and biggest obstacles, in:
                    https://www.gsb.stanford.edu/insights/andrew-ng-why-ai-new-
                    electricity [10.10.2020].

Stiftung für effektiven Altruismus 2015

                    Stiftung für effektiven Altruismus 2015: Künstliche Intelligenz:
                    Chancen und Risiken, in: https://ea-stiftung.org/s/Kunstliche-
                    Intelligenz-Chancen-und-Risiken.pdf [21.11.2020].

SZ 2014   Süddeutsche Zeitung 2014: Krankenhaus-Report der AOK, 18.800 Tote
                    durch Fehler in Krankenhäusern, in:
                    https://www.sueddeutsche.de/gesundheit/krankenhaus-report-der-aok-
                    18-800-tote-durch-fehler-in-krankenhaeusern-1.1867953 [21.11.2020].

Teigens 2019   Vasil, Peter Skalfist, Daniel Mikelsten, Teigens 2019: Künstliche
                    Intelligenz: Die vierte industrielle Revolution, Cambridge Standford
                    Books.

Thelen 2020   Frank Thelen 2020: 10xDNA: Das Mindset der Zukunft, Frank Thelen
                    Media GmbH, Bonn.

Turing 1950   Alan Turing 1950: Computing Machinery and Intelligence, in: Mind: A
                    Quarterly Review of Psychology and Philosophy, Band 59, 1-460.

VDI 2019   Verein Deutscher Ingenieure e.V. 2019: Gute Daten, gute Ideen – dann
                  kommt KI ins Spiel, in:
                  https://www.vdi.de/themen/kuenstliche-intelligenz-ki/gute-daten-gute-
                  ideen-dann-kommt-ki-ins-spiel [26.11.2020].

weforum 2018   World Economic Forum 2018: The Future of Jobs Report 2018, Centre
                  of the New Economy and Society, Schweiz, in:
                  http://www3.weforum.org/docs/WEF_Future_of_Jobs_2018.pdf
                  [21.12.2020].

Wittpahl 2019   Wittpahl, Volker 2019: Künstliche Intelligenz: Technologien /
                  Anwendung / Gesellschaft, Springer Vieweg.

BEI GRIN MACHT SICH IHR WISSEN BEZAHLT

- Wir veröffentlichen Ihre Hausarbeit,
  Bachelor- und Masterarbeit

- Ihr eigenes eBook und Buch -
  weltweit in allen wichtigen Shops

- Verdienen Sie an jedem Verkauf

Jetzt bei www.GRIN.com hochladen
und kostenlos publizieren